NEFESH

Di Alessio Pedroletti

PRESENTAZIONE

La raccolta di queste poesie, che scrissi nella maggioranza dei casi prima di andare a letto o in momenti di viaggio tra i mezzi pubblici, riscontra come il mio pensiero cresce in momenti fugaci come una folata di vento freddo in una giornata d'estate, in altre parole quando mi relaziono, mi esprimo e penso nella quotidianità della vita.

I miei poemetti rappresentano stati d'animo, situazioni e momenti nei quali solitamente una persona si sofferma e viene attraversata da mille idee.

L'idea di fare questa raccolta ha preso piede quando rividi e parlai, dopo tanto tempo, con un mio caro vecchio amico, Andrea Vannini, il quale si unì a me per la revisione di un mio romanzo. La sua partecipazione è forse stata la prima fase per l'inizio di tutto un cammino poetico.

Le poesie come racconto spesso è "L'accumulo di pensieri"

Parlando della poesia Nefesh, bisogna precisare che la parola in sé (termine ebraico) è intesa come VITA

Vi auguro una buona lettura e un buon ragionamento poetico.

Alessio

COME SEMPRE

Al mattino la sveglia è fatica,

si vorrebbe tornare di sera.

Una malvagità assoluta

il ritrovo tra gli occhi e la luce

Mi alzo comunque e

tolgo il sonno con

abbondante acqua che

parte dal cuoio capelluto

al grande collo rosso

Ci si veste di abiti comuni,

gli stessi del giorno prima.

Stessa vita, stesso abito
si arriva in cucina con
gran visione dei piatti serali.
Dopo una scarsa colazione,
non apprezzata, se ne aggiunge
un altro. Che situazione!

Ogni giorno. Ogni anno,
si ripetono queste tre cose.
Un'assurda assurdità.
Voglio un cambiamento radicale
ora... Immediatamente!

TU, IL CREATORE

Tutto ciò che vedi

l'hai creato tu!

Solo tu,

con le tue forze.

Deve piacerti, altrimenti

cosa lo hai creato a fare?

Cosa? Non sapevi fossi tu

il creatore delle tue cose?

Ricorda, tu hai il libero arbitrio,

sei tu a scegliere.

A mio parere già mi basta

per dirti la verità dei fatti.

Ora come ora il tuo mondo

fa veramente schifo

in confronto al mio

e pensare che un tempo

ero te!

IO CHE VEDO QUELLO...

Io che vedo quello

che gli altri non vedono.

Mi sento fortunato,

il giorno della nascita è arrivato.

Tutto risplende alla perfezione

e il sogno si avvera.

Qualcosa sognato dalla pubertà,

il giorno prima dell'adolescenza.

La regola del successo è

credere in se stessi,

vincere paure ed amare

io mi amo

Grazie a Dio.

BELLO COME TE

Tentativi fatti di speranza

Tentativi di recupero

il verbo di qualunque donna

con verità false si aggrappano

a un qualcosa di strano

e la loro gran gonna 1"

ricordano che il mondo è falso

ovunque vai contrario ti è parso

Tutto ciò che dici contro loro

ti può sembrare un coro

di accenti simili, ma quando

arrivi al punto di usare

un qualcosa ha un bando

comune a tutti si arriva a gettare

la discordia di entrambi i personaggi

li le parole positive si mischiano

ad altre positive, come paesaggi

immensi di prati e grano

Il riconoscimento dell'essere

puro, bello come te si trova

soltanto quando lo si vede bere

e Lei, il terzo volto della tua vita

colei che aspetta è lì

davanti a te

Il primo salto di qualità

è stato molto difficile.

Il secondo ancora di più

ma l'ultimo, il grande passo,

è bastato il cambio dei pensieri, 2"

la verità di te. Immenso sogno

diventato progetto e poi obiettivo

Tu puoi scegliere come me.

Io ho desiderato te,

carissima mia amica. Tu

che ogni giorno nutri
con soggetto pure e mani
che si uniscono alle mie.
Sei splendida, e tutta te
entri nel mio cuore
e ti affermi, dicendomi
"Sono io", il mio passo
verso il tuo stato, il 3"
migliore da sempre.

Ora che so chi sono io
so chi sei tu per me
l'unione dei volti è

una qualità immensa

dove non si può stare senza.

Tu sei la prescelta per me.

Tu sei il volto

che da tempo attendevo

da te ho preso molto,

di più che il tuo volto:

il tuo corpo, i tuoi capelli

le tue mani, le tue braccia,

le gambe, i piedi,

il tuo bel carattere

il tuo colore dei tuoi occhi.

Ora noi siamo uniti

e attendo solo la risposta

positiva per tutto ciò,

questa è composta da due

lettere ed è:

"Sì!"

Sei fantastica.

Ti adoro Nefesh

1" la loro gran gonna: inteso come vestiario interno

2" è bastato il cambio di pensieri: da frasi negative a frasi affermative

3" verso il tuo stato: verso la tua mente

L'ATTIMO

Colgo il momento.

"Carpe diem" mi disse un tizio

Io non seguii subito il consiglio

ed anni di vita mia persi

un'intera generazione provai

ed una sensazione mangiata

da qualcosa non voluta,

in un punto fermo,

qualcosa di termo 1":

calore di capelli abbassati

e movimenti ballati

l'attimo di musica ferma e zitta,

senti nel tuo stomaco una fitta

e un quaderno che racconta tutto

e l'attimo colto ti porta

all'eterna salvezza.

Punto.

1" termo: caldo

VITA

Da quando si nasce

al momento della fine

si può ricevere una cosa

la migliore di tutte,

qualcosa che soltanto Dio

ci può dare.

Colei è la vita.

L'ispirata ispirazione

di qualcuno che ama

l'amore più grande di tutti.

L'assoluto essere della vita

il concetto base è

Rischiare, provare, ma

soprattutto godersi ciò.

Vita, la bella storia

al mondo e nei cieli

La vita di Dio

PESCI

Acqua, mare

La riva di un nuovo mondo,

trasportato dall'immaginazione,

qualcosa di concreto

Qualcosa di astratto

Quel posto racchiude

i pesci. qualsiasi vivente:

a palla, spada, cane.

Animali come noi

ma assolutamente diversi.

Mangia pesci e ricevi

nutrizione per la pelle

che ti ritrovi alquanto

protetto e imbarazzantemente

sexy più del bello. Di ciò a

loro. Te li trovi a casa

e li ringrazi del loro colore

SEPARATI PER SEMPRE

La speranza della nostra

passata vita si può

definire un qualcosa

di astratto dal mondo,

posso dire che un anno

sono sembrati dieci,

con te ho fatto tutto,

possibile ed impossibile.

Dentro i nostri cuori

in un qualcosa sublime.

La vita con te è stata

straordinaria con occhi chiusi

nonostante il da farsi

Io e te separati

per sempre. Tu

che ti sei allontanata

sei scomparsa

e mai più tornerai.

Qualcuno magari ti vede

ma non sa chi sei

un anno con me

ed un anno persa nel mondo.

Ho smesso di cercarti

quasi subito

Oramai è impossibile

trovarti, per chiunque

ma dove sei?

Qual è il tuo nome ora?

Chi ti ha visto ancora

dopo di me?

SEMPRE

Il giorno e la notte

la vita e la morte

Il dipendere essere

della persona inconsapevole

capace di andare avanti

e fermarsi al momento

giusto, per se stesso.

Una carriera di vita

e un interesse di legare

il cielo, a volte opaco,

altre nero, ma spesso

di un celeste illuminante

il mio accumulo di pensieri ora
dice che va oltre e
il mio giovane essere
mi da informazioni
sempre più belle,
per vivere, non solo d'amici
pieno ovunque, in qualsiasi
angolo. Io
ho sempre sperato amare
perché un tempo amai anch'io
L'amore è la cosa migliore di tutte

I cuori e la mente,

un'unica cosa.

Le persone,

il credo, i problemi,

la salute, le paure, la gioia,

il divertimento, il lavoro,

le passioni, i viaggi e

un inizio lungo il mare

nel mese di ottobre,

la giornata più bella di sempre

una volta erano i volti

ad attrarre me, ora invece

il cuore e la mente sono
fissati in me e lei, che di
giorno e di notte mi scrive.
Ah che bellezza. Ora mi chiedo
se sei tu che un giorno
realizzerai questa poesia
con la tua semplicità e la tua
simpatia. Hai sofferto tanto,
io ho sofferto tanto.
Io ne sono fuori, tu ?
Ora sei dentro di me
E io ti voglio...
per sempre...

UN'AURA DI VITA

In una poesia

posso darti un

qualcosa di astratto

che soltanto noi due

in un attimo di tregua

possiamo capire e apprezzare

Da nessuno a tanti

Da nessuna a te.

Non sei solamente il volto

sei il corpo , la vita,

donna.

In un ampio pensiero mi amo

e Dio in me che mi da forza

tu mi dai sentimenti profondi

forti, veri…

Ora

il mio pensiero lo tengo stretto

a me, e faccio si che la vita

con te sia musica.

Ti accarezzo con le dita,

sei più che un'amica,

dopo il lavoro ci si vede.

La mia mente immagina

una vita felice da tempo sognata

Diventata un progetto

e poco dopo obiettivo.

La vita da mesi è rinata

non più a letto,

a teatro sono attento

ed un amore sincero si nota

è alta la sua quota

un'aura di vita tua.

mio padre diceva sempre

"Grazie di esistere"

Spero che le tue parole

siano vere,

un bacio carissima

BLOCCATO

Fermo obbligatoriamente.

Non lo muovo. Bloccato.

Due stecche e la bianca fascia

insieme, un bomba per lui.

Il mio polso destro. Richiuso,

E' inutile. Le dita a stento vanno

In un attonito riflesso del puro

canto del dolore. Bloccato

da esso. Tutto con una mano:

compreso l'abbottonarmi i

pantaloni, dopo l'urina.

Orrore! Inutile incomprensione
del mio braccio che neanche
reagisce. Tutto per una tendinite,
Quando a teatro uno sforzo feci
durante una dura prova. Pugni
Pugni a destra e pugni a sinistra.
E il mio destro in tendine.
Bloccato, da due abbassalingua:
le sostitute della polsiera.

Fermo obbligatoriamente.
Il mio polso destro utilizzato
sino all'altro giorno mentre

a computer scrive. Sì bloccò,

dal dolore. Una tendinite e

due stecche non mi permettono

di utilizzare le cinque dita per

aiutare la sinistra a scrivere.

Il mio compito è quello di

scrivere. Devo resistere!

Manca poco ai sette giorni conclusivi

della prognosi. Ne mancano sei.

Ora, bloccato. Potrei toglierlo

ma è sconsigliato.

Io desidero utilizzarlo è di mio

puro istinto. Cavolo mi ingegno!

Ed ora avanzo nel più totale

unicismo e singolarmente

sembro come D'Annunzio quando

non riuscì ad utilizzare

i suoi organi visivi. Io l'aiuto tattile.

Sette giorni, ne mancano sei e

nel dolore, bloccato e sposato a me

attendo fermo obbligatoriamente

SEMPRE PIU'

Sempre più apprendo

sempre più conosco

sempre più è in me

lei, che rimane con

apprezzata scelta

intorno al suo sorriso

amato e

sognato, l'attendo

e poi arriva...

in un contatto costante:

la sua voce scritta.

Do solo ciò che desidero

da sempre ricevere.

E' immensa la sua luce

Sempre la vedo, è così

illuminante che

acceca gli occhi miei

dicendo che è solo lei

che devo guardare con

gli occhi e l'organo.2”

L'attendo sempre

ora sul letto

a quest'ora serale

che ancora sono sveglio

La musica mi accompagna

è bellissimo amare

e poter condividere

Immacola il mio polmone

e scopre la mia identità

fino a ricoprire gli errori

ed insieme a Jahvè ricordo

cosa significa "amare"

La cosa più bella da poter

fare. Con retta

nel mio pensiero a vivere

con me. Rimane tale,

dall'inizio e così

fino alla fine

Sempre di più.

1” con retta: in modo giusto

2” organo: il cuore

VENTO IN FIORE

Amo te

come un vento in fiore

il tuo respiro sul collo

forse l'ho sentito

ti desidero ogni giorno

ogni momento del dì

sei in me

nei miei giorni. Sempre

Sai amo solo te

BISOGNO DI...

In un diario scrivo

e leggo...

Dopo tempo riprendo

in un continuo scritto…

ho bisogno di entrare

nella mia immensa mente

Si coprono le righe

e si prosegue,

dentro di me

APERTO A TE

Aperto a te

nel sogno

diventato realtà

non mi vendo,

mi innudo a te

1" innudo: mi libero dentro a te/ parlo di me soltanto a te

DI NUOVO

La mia vita innata

respira. Di nuovo,

supero tutti,

ce l'ho fatta.

Di nuovo...

Lo devo a me

FUORI

Fuori da me

tutto si ripete

come da sempre si sa

ora in me tutto

cresce e apre

un nuovo continente

CANTO DI GIOIA

Canto di gioia ,

creo la mia vita

e canto.

Lascia indietro

il resto mio

Volo e canto

IL LIMITE UMANO

Un giorno oltrepassai

il limite umano:

Il limite della morte.

Tra terra e nulla

in una notte buia

di tutto.

Impronunciabile l'insieme.

La paura cresceva

ogni secondo patito

Niente respiro

Niente battito

suonante all'oscuro

ma luce fu riaperta

ed io al mondo tornai

Tutto ad occhi aperti

UN ASSOLUTO BISOGNO

Ma dove siamo

perché tutto questo schifo?

Nell'economia in questi

ultimi mesi faccio

veramente schifo!

Io ci provo almeno,

a volte arriva mezzo stipendio

a volte di più!

Come diamine faccio?

Rischio di brutto.

Io evito i debiti. Li odio!

Se qualcuno della famiglia

li presta bene:

altrimenti tutto a rotoli.

Interessi, tassi, mutui

ma dove siamo?

Ovunque si chiedono...

io preferisco continuare

a teatro: la mia passione

e futuro lavoro.

Se non ci provo ora.

Niente mi porta a destinazione.

Il lavoro niente ancora

Ho un assoluto bisogno.

Entro domani altrimenti fuori!

Io rischio, ho poco tempo.

Ci riesco! E' urgente.

E anche importante.

Questa volta ce la faccio!

Sono sicuro! Io desidero riuscirci.

Costi quel che costi io,

domani mattina mi presento

con le banconote e

proseguo a teatro.

STUPENDI VISI

I loro volti

I loro momenti con me

da due giorni, come inoltrati

E' stupendo. Mi sembra

di averli già visti.

E' emozionante.

Le ragazze un viso così

tenero, dolce, simpatico

I ragazzi con animo,

grinta ed amichevoli.

Mi sento a casa

Ed è il teatro questo

Quelli della regia. Beh

simpatici da matti

Mi viene voglia di

entrare sul palco

con loro. Qualsiasi sia la parte

E' stupendo essere

a questo punto di vita.

I loro volti

L'Essere d'aura

Il volto degli altri miei

sempre in me, li ammiro

e sto con loro

come loro con me.

I loro volti, di tutti loro

sono un universo in me

Sono persone favolose

Siamo fatti per conoscerci

per vivere

due giorno son passati

da queste vite ammirevoli

sembra una vita

e ne voglio un'altra ancora,

continuo con loro

perché sono stupendi visi

MOMENTO DESIDERATO

Dov'è quel momento

desiderato da giorni?

Il poter godere il tempo

Anche economicamente?

Il tempo vola, quando non vuoi.

Io sto passando bene

le mie giornate, nonostante

quel politico problema.

Forse ci vuole ancora

un pochino e il ciclo comincia.

DOCILE MA BELLA...

Docile ma bella

Vissuta ma nata

Odiata ma amata

Dolce come un micio

la sento persa

nel suo passato,

eppure è la migliore.

L'amo come non mai

è docile per come

l'hanno trattata

si è ritrattata

Desidera vivere, ma
la paura la blocca:
si attanaglia la gola
si stringe per non
commettere lo stesso.
Tutti hanno fatto tutto.
Cosa? Ancora non so,
ma lo so in fin dei conti.
Ho passato tutto quindi
immagino le scene vissute
Lei non si piace!
Io mi accorgo di ciò
ma lei vuole amarsi.

La paura di ritornare la blocca.
Vissuta in un pessimo stato
come un tempo Belzububiano.
L'hanno uccisa dentro
come uccisero me
Io so la strada ma
è faticoso far comprendere
il fatto. Io continuo.
Vissuta perché tutto le fecero
sicurezza di pensiero.
La resero docile, timorosa
ma rimane bella, sempre
è la più bella in assoluto.

Una goccia di lacrima
da me cade sulla mia mano
da porre a lei.
E' nata in un giorno
passato, vissuto
Vuole riviverlo
ma cauta rimane ferma
La capisco, è difficile.
È stata odiata,
maltrattata, usata,
disprezzata, in modo da
costringerla ad indebolirsi
a rimanere ferma in modo

brusco e brutto.

È la più buona, è sensibile

è ammirevole il fatto che

è dentro di me. L'adoro

ma tutti prima di me

l'hanno odiata, facendola

pensare che lei non vale

niente. Per nessuno.

Come se non avesse senso

non riesce a trovarlo.

So cosa significa. Lo dico?

Ciò che subì l'ha resa

L'ha resa migliore.

Mi viene voglia di

prendere le sue vesti

e ricoprirmici!.

Amo i suoi occhi

mi dicono tutto

So chi è per me lei.

Ricordo al meglio

il momento sul treno,

il più dolce di sempre.

Avrei dovuto aggiungere

un particolare. Ma d'accordo.

GUARDO

Guardo con fermore
autentico e pronto
l'ora di te che,
a borse piene
rispondi e chiedi,
pensando a ciò che vuoi.
Ti giri, oltre la testa,
le tue mani agitate.
In fissa e in silenzio.
Mentre pensi, mentre attendi:
cerchi in te un qualcosa

non completamente conosciuto.

Respira. Respira!

Quasi da nasconderti.

Si riparte a mani in tasca

al tuo battito di ciglio.

Serri bocca, la riapri.

Sei li che guardi fuori,

dal tuo appoggiato finestrino.

Qualcosa vuoi, non da me

e di sicuro nemmeno io!

ORA

Questa è l'ora.

Questa è l'attesa.

Credo sia arrivato

non più fermato

e probabilmente amato.

Si sale e si scende,

si va dritti e si gira.

Lo attendo ieri

eccolo oggi,

qui da me.

Oramai è qui!

Basta, è fermo in me.

Ha tutto il tempo

ha tutto il giorno,

ha tutta la vita.

Io sono qui ora,

rimango ora

e per sempre,

perché è l'ora

di rimanere da te

soltanto ora,

per sempre... ora.

A VOLTE...

A volte ci penso

A volte c'è la possibilità

ma me ne pentirei

per la vita interna:

non cerco altra.

Ho lei e voglio lei

per il più lungo tempo:

non cerco altra

perché ho lei,

la migliore di tutte.

A volte glielo ricordo

ciò che è vero

questa è la radice

del mio futuro

che a volte...

io riesco a guardare

me, nei suoi occhi.

Questo a volte...

è per sempre.

DISCORSO

“Che le è successo,signore,

di carnagione scura?

I suoi occhi sono uno

a destra e l'altro a sinistra”

“Ragazzo, non lo so nemmeno io

ed ora non mi importa,

mi sono dovuto abituare

alla mia visione!”

“Le chiedo scusa...”

“Avresti dovuto se

me lo avessi realmente

domandato! Ora chiudiamo questo discorso!"

VOI

Voi che siete qua,

seduti, in piedi,

comodi o no,

zitti o tristi,

sorridenti o parlati.

Nascete e morite,

come tutti,

mancano poche fermate

e tutto torna come prima.

Finite ciò che dovete dire,

aprite ancora gli occhi;

spostate i vostri muscoli,

reagite, agite.

Sorridenti di più

sempre di più;

parlate il più che potete.

Muovetevi! Continuate ad uscire

Guardatevi negli occhi

condividete le vostre immagini;

stringete i vostri valori.

La canzone sta finendo,

ma riparte come sempre.

Toccatevi! Provate il gusto.

Stringete forte!

Amatevi ancora un po'

Abbracciatevi di più!

Dondolatevi riposanti.

Sistematevi per bene.

Ora vi cancello,1”

per sempre

scendo con voi.

1”cancello: vi serro/memorizzo dentro di me

ATTENDO LEI

Ho subìto troppo

Ho sofferto troppo

Ora pur di continuare

al mio star bene

Io attendo lei.

Ora in me

altre non ce n'è

NEL SONNO

Ora che dormo

completando almeno

il ciclo di sonno

dormo meglio

e vivo riposato.

Al meglio il giorno

con alti e bassi.

Ora in me c'è il tempo,

quello giusto stavolta.

Vado avanti

e continuo il ciclo

Dormo giusto

Dormo ora

Nel sonno d'amore

Nel sonno di speranza

che continua a vivere

dentro di me

Dormo dritto

Dormo giusto

Dormo ora

NEFESH

PIANGO, SENZA LACRIME

piango, senza lacrime

in dolore dentro me

ascolto musica, bella...

La difficoltà è il trovare

fiducia insieme ad altri

piango ancora in me,

attendo, altro,

non posso fare,

non ho sonno, è tardi

comunque lo è,

nessuna risposta

a volte ci penso

il passato ricordo

brutto e fatale

sempre così.

con lei fa che sia

il contrario

IDEA

Idea prioritaria

morsa dall'estro

in bacio amante

mano preziosa

in questo.

Idea librica

Unione artistica

tra amanti

STRINGENDO L'OCCHIO

Gli occhi spenti,

sofferti. È successo

un qualcosa non

compreso da me

la ragazza di fronte

lacrima, ma si

trattiene nel casino

in metropolitana

stringe il suo

cellulare in mano.

Ode qualsiasi suono

crede sia il suo.

Lacrima e si nasconde.

Il volto triste.

Gli occhi vorrebbero

staccarsi dal corpo.

Stringendo le lacrime

scende alla mia

stessa fermata

NEFESH

Dentro di me

in uno sguardo

intimo, incoraggiante

l'arco di vita

in una gioia,

conosciuta dal proprio

pignolo essere

un impegno serio,

di circostanza

passeggera, catturata.

Dall'attimo mai pensato

impaurita nel suo giorno

la donna che vorrei

credevi come me,

in un cedimento,

ma di sicuro non è.

Una cosa unica.

Il mio pensiero sublime

con l'ombra della mia

scorrevole mano.

Scrivo di te,

Nella mia psiche,

il mio nefesh

nefesh e psiche

Insieme per sempre

giunge il momento

cara mia nefesh

COLPISCI ANCORA

Colpisci ancora.

Eccoti bravo,

spaccami i bronchi,

lasciali scoppiare

per il tuo sforzo,

sei insistente.

Non dormo per te:

la tua compagnia

duratura e di scatto

è indesiderata dentro

il vero salutare

non smetti di

farti sentire con

accumulo di rumori

Fai male e rimani.

In non ti voglio

INCERTO

Ancora incerto

per dove scendere

osservo altri.

Non cambia niente.

Su un volto una

lacrima toglie il trucco

negli altri un saluto

altri dopo compere.

Io qua tra loro

ad attendere

un sicuro andazzo

il migliorare. Forse.

Suppongo sia così

ma niente, la mia

fermata è quasi

qui con me.

Una ne manca.

Poi la discesa arriva

Poco ancora. Non

desidero sia ora.

Sarà la prossima

e lì scenderò.

Non cambia molto

sicuramente, credo

sia la migliore scelta

di ora, la gente

non è più la stessa

accanto a me nessuno

Arrivata la fermata

dopo la mia. Devo

scendere. Per forza

TEMPO FERMO

In un attimo

mai raccolto

ha passato da ora

arriva il momento

altro no di sicuro

l'oscuro situazione

in un attimo di tregua

e di tedio assoluto

si rammenda cos'è

e di chi è quel tempo

ritrovato fermo

non per il corpo

ne per l'orologio

Ora è già passato

Quell'attimo fermo

in realtà si muove

arco di respiro

in cinto rimedio

L'attesa,

in un tempo mosso

NEFESH TUO ED ESTRO MIO

Io voglio amare, vivere,

godere di un qualcosa

poco sperimentato

voglio farcela

godere della vita

che il mio Dio

mi regalò un tempo

non tanto lontano

ma che in me

passò molto, troppo

paura incontinente

alquanto sorprendente.

desidero il costruire

il vivere, il creare

un qualcosa che sogno

il mio obiettivo è ciò.

nell'arco di vita passata

patì ciò ed ora

sono fermo in questo

certo pensiero.

Se desidero una

farò in modo nel più

totale sentimento il

dimostrare che io sono

che io posso, che io

amo nonostante un tempo

fui asessuale e tutto

piangere a volte

per la fatica che si fa

per arrivare a ciò

potere famigliarsi

poter dare amore

in questo caso,

cercando di ricevere.

Oramai il tempo sta passando

e sicuro io continuo

perché amo. Sono

certo sicuramente.

è l'unico modo per creare

ciò che desidero

una famiglia, vero.

un sacrificio non invano

per l'amore, di Dio e mio

nostro per sempre.

Io amo, e desidero continuare

ad amare solo lei

che con fatica avanza

pure lei, meglio

il vero amore lo riconosci

quando hai il cure spento

la realtà è questa

Con estro continuo pregando

supplicando, il giorno

sempre atteso, da qualcuno

l'amore mio, la nèfesh

la mia vita futura

che ancora non è

ma è lei, si sa

è così che con estro

procedo nel mio pensiero

nessuno potrà fermarmi

nemmeno lei, se non con

una negativa risposta.

Unico pensiero,

unico amore di vita

la salvezza divina

la salvezza perenne

in lei guardo

fermamente ciò che

io dentro voglio.

Ascolto la voce

vera, non quella finta.

Solo colui può

togliermi il mio Roach

e quindi nel frattempo

continuo nel mio

caparbio pensiero.

Soltanto perché

io, dentro, voglio

amare, vivere, godere

della mia vita che

per ciò è adatta

altrimenti per quale motivo

è stata fatta?

Io l'estro umano,

nel tuo nèfesh

RIVELAZIONE

Io amo ora

come non mai,

credevo fosse finito

queste tempo di gioia.

Devo riprendere le parole

ma finalmente la mia

sofferta vita ora

nasce e cresce.

Vorrei poter dire ciò

a colei che lo riceverà.

È difficile. Molto

Ho paura. Voglio baciarla

Accarezzare, riprovare

ciò che si prova:

l'emozione più bella

più piacevole.

Lei è la più bella mai capitata

nella mia segreta vita.

Nessuno l'ha mai scoperta

negli ultimi nove anni.

Voglio piangere! Liberare

il mio istinto. La desidero.

La guardo e vedo la sua

vera bellezza. È carina

più che mai.

Nemmeno il volto

regge in confronto con lei.

Geova lo sa chi è lei

ed io per me. L'unico

io sono io. Sono l'unico

sempre lo rimarrò:

voglio esserlo anche per lei.

Mi ha liberato,

ora andrò da lei.

Io desidero una sola donna

per sempre: magari una nostra

o nostro. So è difficile,

bisogna costruire tutto

ed io lo voglio fare.

Per sempre con te

in un immenso sentimento

io lo chiamo

RIVELAZIONE

Mia sono tuo.

Se non fosse

All'eterno Dell'unica

Verità assoluta.

IL BISOGNO

In un discorso

nacque l'assoluto,

il bisogno

di aumentare

il credito sul conto

un bar in più

domani ed arrivo

Desidero occupare

il tempo libero

ed aumentare

l'economia

per un futuro

prossimo e di famiglia

mi preparo.

OCCHIO PENDENTE

Occhio pendente

cala al secondo,

si sveglia per poco:

ritorna basso.

Stanco orario.

È ora, cede lui

per sonno ciclico.

La notte è iniziata.

L'occhio stanco

Pende. sino a

serrarsi per ora.

AURA

Aura d'amore

Aura di vita

cinta su di me

Accolta a me

Amore cinto.

Su di me un'aura

d'amore a te...

PADRE (mio papà)

Padre mio

unico tra me e te

colui che ama

suo figlio,

come il sovrano.

Ti amo padre

per ciò che sei.

Io e Te

Figlio e Figlio

Insieme,

nell'immensità

L'UNICO RIMENBRA

Rimembri ancora

quel tempo in cui

sedavamo sul gradino

e tu ridevi ancor

di quel amor perduto

Erano forse bei tempi

ma tu accostata da

immensa falsità,

creavi corse

di asma e ansia.

Mi eliminavi man mano

per aumentare la tua

ingrata autostima.

Soffrivi tu,

soffrivo io.

Soffrivo io

tu godevi, sempre più.

Mi ero drogato di te,

Preferivo donne taccate

e si sa quanto le detesto!

Ti incoraggiavo a proseguir

Tu acceleravi,

E nuda, con altri:

ancora non sapevo,

come il resto!
Un giorno non eri più,

il tuo gioco di carte

funzionò come volevi .

deturpato

il mio viso come la

terra secca d’estate.

Sei una chimera!

Sei un'Aspasia

dei giorni nostri!

Senza vestiti, né soldi,

Senza testa a distacco

da casa Io cancellato

e dimenticato dalla faccia

della vita.

Attonito e gelato dal

tuo finto riflesso

nel mio specchio

Mi sveglio, senza te.

Mi chiedo se

ci sei stata,

in quel momento

Adhes.

Mi hanno chiamato

“L'UNICO”,

nel tempo da morto.

Ce l'avevi quasi fatta

Ora sono tornato!

MADRE

Madre terrena

La tua speranza

Fosse la mia stessa

Lo stesso cammino

Basta un piccolo passo

E tutto si compirà

Nella sua volontà

MI GUARDO...

Mi guardo

ora..

Mi guardo

ancora...

Il ritardo

non fora...

Mi vado bene

STOP

fermo.

Vado. Mi copro.

Serro la vista.

Spengo la luce.

Dormo!

INVALIDE PAROLE

Capita a volte
utilizzo di frasi
sbagliate o
per lo meno con
vocaboli errati.
Quello che odono
gli altri di volta,
a volte modicato,
non era di certo
da me che proveniva
ma anch'io invalido

le parole chiamate.

Provo a ripetere

con un sorso ciascun

Chiedo perdono

parcheggerò idiemo

più di prima.

Riparto... riprendo

… Proseguo!

1”modicato: mal interpretato

2”invalido: sbaglio

3”sorso: lentamente (scandendo ciascun parola)

4” parcheggerò idiemo: spiegherò l'idea meglio

MESSAGGIO RIVELATORE

Lo sto inviando,

il messaggio rivelatore

più importante

degli ultimi tempi.

Inviato!
Quale sarà la sua

vera reazione?

Capirà le parole?

Magari ho esagerato.

Attendo, l'unico sistema

per l'evitamento della

prestata.

Comprenderlo è un consiglio,

perché è importante .

La desidero, ora.

Con me, ora.

Lo leggerà a momenti

e risponderà.

Rimembrerò questa

attivata attivazione

UN UNICO GESTO

Il capire l'incompreso

Del mio giorno

Non si apprende

Un unico gesto

Ma all'infuori

Di ciò, si vedrà

Ed ora è qua

CON SGUARDO VISSUTO

La gente triste

Mani in testa

E pupille disperse

Assonnato in ordine

Al punto giusto ma

Con lo sguardo

Vissuto, nonostante

Non sia questo e

Il loro tedio

Nel più assoluto

L'ATTIMO DI TREGUA

L'attimo di tregua

Tra un futuro essere

Nella perfezione

Più assoluta del vero

Che ora ci si accorge

Dell'immediata benignità

L'attimo di tregua

Forse è già inoltrato

Come il richiamo

Nella foresta di un

Disperso essere

In un attimo di tregua

Tra un duello

Assorbito da un

Maremoto in montagna

Il cammino si fa

Lungo, resiste

Il protagonista

Per il suo bene

NEFESH: ovvero VITA, è intesa come la mia vita non quella di altri.

Nefesh, il ritrovare la gioia di amarmi grazie a colui che non si vede. Nefesh sono io ma potrebbe anche essere Dio.

Alessio

www.ingramcontent.com/pod-product-compliance
Ingram Content Group UK Ltd.
Pitfield, Milton Keynes, MK11 3LW, UK
UKHW020221250726
13967UKWH00001B/128

9 781447 752752